AF348113

DEMANDE

D'une Indemnité et Récompense,

POUR M. FRANÇOIS-ANNE-LOUIS
PHELIPPES DE COATGOUREDEN
DE TRONJOLLY,

ET POUR SA FAMILLE,

Demande répétée depuis plus de trente ans ?

Vox populi, vox Dei !
La voix du peuple est celle de Dieu !

A SA MAJESTÉ LOUIS XVIII,

LE DÉSIRÉ,

Père de son Peuple, Roi de France et de Navarre.

Potius moriquàm fœdari ?

Plutôt mourir que d'avoir de la faiblesse ?

SIRE,

Issu d'une des plus anciennes familles de la Bretagne, d'une famille qui occupa les premières dignités de la couronne, sous les ducs et votre illustre aïeule, la duchesse Anne de Bretagne, le suppliant croit toucher au terme de ses malheurs, en vous voyant remonter sur le trône de vos pères.

Sous le tyran Robespierre, et sous l'horrible Carrier, d'exécrable mémoire, il brava sans cesse les échafauts, et fit tomber la tête de ces monstres ! Il sacrifia toute sa fortune, celle de sa femme, et contracta des dettes, pour faire successivement détester les diverses époques qui ont signalé l'interrègne des Bourbons. (1)

Poursuivi par les cannibales de la convention, il a continué à l'être sous le directoire et sous Bonaparte, et notamment par un de ses plus lâches courtisans et ses adhérans..... Sans cesse calomnié, presque sans cesse sans état, parce que l'on ne le trouvait pas républicain, et qu'il s'opposait aux actes arbitraires. Loin d'en avoir commis

---

(1) *Réquisitoire de M. de Tronjolly, procureur du roi lors de la naissance de Monseigneur le dauphin, mort Louis XVII.*

« Un amour sincère pour nos souverains, un
» attachement inviolable à toute la famille royale,
» tels sont, vous le savez, Messieurs, les senti-
» mens innés dans tous les cœurs français, et
» qui caractérisent surtout les cœurs bretons.
» Pourrions-nous donc, aujourd'hui que le ciel
» vient de combler nos vœux, en accordant au
» sage et vertueux monarque qui nous gouverne,
» un digne héritier de son trône, et qui, formé
» par les leçons et les exemples de ses augustes
» aïeux, Saint-Louis et Henri IV, se dinstin-
» guera un jour par une heureuse application à
» faire aussi le bonheur de ses peuples, ne pas
» manifester, par tout ce qui dépendra de nous,
» l'allégresse et la juste joie qui nous animent?
» Je laisse, Messieurs, sur le bureau, un titre
» à jamais précieux et mémorable, et j'en requiers
» l'enregistrement, comme un monument dura-
» ble du bonheur des français. Puisse, Messieurs,

» la dynastie des Bourbons se perpétuer d'âge
» en âge, de siècle en siècle, et à jamais ! » (2)

Signé PHELIPPES , *procureur du roi , syndic
de la ville et de la police à Rennes.*

---

en sa vie un seul, il n'a cessé de les consta-
ter, de crier, d'imprimer, à ses frais, contre
la tyrannie, et de défendre les royalistes , etc.
Sa persévérance, la fermeté de son caractère,
furent traitées de folie, surtout par ceux qu'elles
contrariaient ; son antique probité, de chimère ;
sa ruine, de mauvaise conduite. Sa malheureuse
famille et lui gémissent ainsi sous l'oppression
depuis tant d'années !..... Ils réclament justice !
Son fils aîné, François-Pierre-Anne, devenu

---

(2) On lit dans la proclamation que je fis imprimer et afficher à
Nantes, *au mois de fructidor an 4, après la radiation du nom
de l'abbé Clemenceau, mon beau-frère, de dessus la liste
des émigrés du département,* (où il avait été inscrit après
avoir été massacré sur une place publique,) en reprenant
mes fonctions *de président, interrompues par la prétendue
émigration d'un mort !* Elle m'a fait perdre deux successions ! !
« Je dois faire observer à ceux qui ont bien voulu lire mes
» écrits, qu'ils ont été, *pour la plupart,* rédigés étant dans les
» fers, dès les premiers mois de l'an 2. J'avais résolu *de sauver
» la France aussi dans les fers.* Dans la dénonciation, (*en
» vertu de laquelle j'avais été traîné à Paris, chargé de fers ,
» et mis à coucher à la conciergerie , dans une des bières
» du cachot de Saint-Christophe ,* » j'étais accusé de modé-
» rantisme, de royalisme, etc. » Voyez le procès de Carrier....
Dès 1792, je fis imprimer et afficher à Nantes des ordon-
nances , pour empêcher *des actes arbitraires.* Au surplus,
dans les cours, tribunaux et administrations, les voix se
comptent ; jamais je n'ai rien signé, *que je n'y fusse forcé par la
majorité des délibérans.* Les vrais tyrans *qualifiaient ainsi le
vertueux Louis XVI,* qui ne montra qu'une belle ame. Je n'ai
cessé de le dire, de l'imprimer et de le publier. J'ai par mon éner-
gie sauvé des centaines d'hommes mis en jugement, et des millions
par la chûte de la terreur.

colonel, fut forcé *de s'expatrier*, ayant servi comme chevalier catholique dans l'armée royale dès l'âge de quatorze ans, et n'ayant rentré qu'après les délais de l'amnistie expirés. Son frère, qui portait le nom *de Rennes*, (*en reconnaissance des services de son père d'avant la révolution*) forcé *par la conscription de servir dans là guerre impie de l'Espagne*, périt comme *un héros*, (*expression de son colonel*.) chevalier et capitaine, à l'âge de vingt-deux ans !

Sire, le suppliant attend de Votre Majesté la justice d'être entendu par son conseil ; il est convaincu que les preuves multipliées qu'il donnera de ses souffrances, de ses pertes, de ses sacrifices, de ses longs et périlleux services, de ceux de sa famille et de celle de sa femme, seront pris en grande considération, et lui procureront aussi l'honneur *de servir Votre Majesté, comme il servit son auguste frère, le second Saint Louis* ! c'est ainsi que la calomnie sera démontrée !

Hélas ! je dois encore le prix de mon office de conseiller-avocat du roi, dont le remboursement (fait en monnaie-papier et au-dessous du prix porté dans le contrat d'acquisition,) fut, avec toute la fortune de ma famille, employé à soutenir la cause royale, et à soustraire la vie et les biens des sujets de Votre Majesté, aux fureurs de la faction de l'an 2, à l'anarchie du directoire, et à la tyrannie de Bonaparte, ainsi qu'il est démontré par des *titres authentiques, par le Moniteur et par la notoriété publique*....! etc.

Long-tems avant la révolution, Sire, mes concitoyens, en reconnaissance de mes services, *comme administrateur et comme magistrat*, sollicitaient pour moi une place de maître des requêtes ou de conseiller d'état ; et dans le nouveau régime, ils ont persévéramment continué à demander pour moi les graces du gouvernement, même *une indemnité pécuniaire, ou transmissible à ma famille, et la grande décoration*, marque de distinction !

Plein de confiance dans la justice bienfaisante de Votre Majesté, je la supplie très-instamment d'ordonner que ma famille et moi, soyons, *par quelque moyen que ce soit*, dédommagés de toute notre fortune, sacrifiée pour sauver la France, et conserver la vie et les biens de vos sujets..... !

Je suis avec le plus profond respect,

SIRE,

DE VOTRE MAJESTÉ,

Le très-humble et très-soumis serviteur et très-fidèle sujet,

FRANÇOIS-ANNE-LOUIS PHELIPPES DE COATGOUREDEN DE TRONJOLLY,

Chevalier (1) *breton, ancien conseiller, premier avocat du roi, président et doyen* (2) *du parquet du présidial, magistrat honoraire en la monnaie, commensal de la maison du roi, commandant les bourgeois, procureur du roi de police, syndic de la ville de Rennes, commissaire et député des états de Bretagne, correspondant de la commission intermédiaire, indiqué par mes concitoyens pour maire, ancien commissaire du roi à Paimbœuf, père d'un filleul de la ville de Rennes, mon nom a été donné à une rue et place,* **etc.**

Rennes, ce 20 mai 1814.

____

(1) Non de la légion d'honneur, *par naissance*.

(2) J'avais de plus que mes deux collègues dix-sept ans de magistrature, dont dix ans au parquet des gens du roi ; cependant, je n'ai que deux ans plus qu'eux.

PARTIE DES PIÈCES
AU SOUTIEN DE LA PÉTITION.

Certificats importans.

PRÉFECTURE D'ILLE-ET-VILAINE.

Du 21 mai 1814.

LE soussigné, secrétaire-général de la préfecture d'Ille-et-Vilaine, certifie, sur la demande de M. de Tronjolly, ancien magistrat, qu'il a vu dans les archives du département un certificat signé par M. Duboberil de Cherville, ancien procureur-général-syndic des états de Bretagne, constatant que M. François-Anne-Louis Phelippes de Coatgoureden de Tronjolly, né à Rennes, paroisse Saint-Sauveur, le 15 février 1751, a présenté dans les tems une requête et une induction au parlement et aux commissaires des états de Bretagne, remplies de titres originaux, extraits des anciennes réformations de la noblesse, constatant l'ancienneté de celle de sa famille, et qu'il est issu de Roland Phelippes de Coatgoureden, chevalier, seigneur de Locmaria, sénéchal universel en Bretagne, pour Charles de Blois; (1) ce qui a été attesté par le procureur-général-syndic des états.

Signé ROUTHIER, *secrétaire-général.*

---

(1) On lit dans l'armorial de Bretagne, par Guy le Borgne, bailli de Lanmeur, évêché de Quimper, imprimé à Rennes chez Pierre Garnier, en 1681 : « Phelippes, aux armes Coatgoureden, C. de gueule, à une » croix engrêlée d'argent, à Locmaria, près Guingamp, etc.
» Un seigneur de cette première maison fut écuyer ordinaire de l'une » de nos duchesses (Bretagne); et en outre, un Rolland de Coatgou-» reden, seigneur de Locmaria, pour *ses grandes prouesses*, fut grand » favori de Charles de Blois, et posséda si parfaitement ses affections, » qu'il le fit de son tems son sénéchal universel en cette province, environ » l'an 1346. » Le sénéchal de Bretagne commandait seul les armées, et rendait seul la justice souveraine.
Nota. La croix est dentelée, suivant l'historiographe de Bretagne, le Baud, et suivant Saint-Luc.

LE commissaire du roi de la 13e division militaire, d'après l'attestation donnée à M. de Tronjolly, par des personnes recommandables, le croit digne de la confiance du gouvernement et de sa bienveillance, ainsi que sa famille, qui a participé aux sacrifices qu'il prétend avoir faits pour le bien public.

Rennes, ce 20 mai 1814.

Signé Le comte DE FERRIÈRES.

Pour copie conforme,

Le secrétaire-général de la préfecture, ROUTHIER.

LE commissaire du roi de la 13e division militaire, sur les attestations recommandables données à M. de Tronjolly, fils, (1) le croit digne de la confiance du gouvernement, dont il mérite la bienveillance par son dévouement au roi et par ses talens.

Rennes, le 20 mai 1814.

Signé Le comte DE FERRIÈRES.

Pour copie conforme,

Le secrétaire-général de la préfecture, ROUTHIER.

---

(1) » Les services du père, son dévouement, son courage, sa capa-
» cité, ses sacrifices multipliés en tous genres, sont, ainsi que les
» faits des *douze mémoires qu'il a publiés*, attestés par les anciens membres
» du parlement, par les différentes autorités civiles, judiciaires et mili-
» taires, même par des actes de notoriété, notariés et enregistrés à Pon-
» tivy et à Rennes, et aussi signés de MM. les présidens à mortier, et
» autres membres de l'ancien parlement, par des hommes en place, et par
» des habitans notables, etc., au nombre de plus de quatre cents.....
» Tout prouve et démontre qu'il a sans cesse, depuis la révolution,
» été victime de son amour pour la royauté et sa dynastie, etc.
» La généalogie contenant seize degrés, est assurée par des titres,
» *déposés*, par des arrêts, jugemens et compulsoires ; enfin, par les histo-
» riographes de Bretagne, et par l'armorial : ce sont des faits notoires....;

» Les services du fils, François-Pierre-Anne, chevalier de Saint-
» Martin, pour qui on demande *la croix de Saint-Louis*, sont, ainsi que
» son courage, ses risques, enfin son exil et ses pertes, attestés par ses
» anciens chefs, par ses commandans d'armes, et autres autorités, etc. »

Les membres du conseil de préfecture du département d'Ille-et-Vilaine,

Vu la délibération du conseil municipal de Rennes, en date du jour d'hier , et attestant les faits y contenus , déclarent que , par sa conduite honorable dans les diverses magistratures qu'il a exercées , par l'intrépidité avec laquelle il a défendu la justice et l'humanité dans les tems les plus difficiles, et par les sacrifices qu'il a faits , même de la fortune de sa femme, cet ancien magistrat s'est acquis des droits à la reconnaissance de son pays et de tous les français ; que sa situation et ses talens doivent lui faire espérer de l'emploi , et la récompense des services importans qu'il a rendus à sa patrie, en bravant pendant long-tems de grands dangers et la mort, pour sauver la France..

Fait à Rennes , le 7 messidor an 11.

Signé MOUNIER , ALEXIS LEGRAVEREND, LEBOUCHER l'aîné , DUPLESSIX , préfet et membres du conseil de préfecture.

Pour copie conforme,

Le secrétaire-général du département , ROUTHIER.

Du premier mai 1814.

NOUS conseillers de préfecture du département d'Ille-et-Vilaine , déclarons nous joindre aux autorités , (1) pour recommander M. Phelippes de Tronjolly à la bienveillance du gouvernement , ainsi que sa famille.

Signé ROBINET DE SAUNIERE, LORIN , DE GUILLEAU DE VALLIEUX , BIGOT DE PRÉAMENEU.

Pour copie conforme ,

Le secrétaire-général du département , ROUTHIER.

---

(1) Depuis 1783 jusqu'à présent, les diverses autorités n'ont cessé de réclamer pour cette famille , la justice et les graces du gouvernement. C'est M. Tronjolly qui *a dénoncé* et poursuivi Carrier à la convention et devant le tribunal révolutionnaire, lors même qu'il siégeait à la convention; sans cesse il s'était opposé , à Nantes, à sa barbarie.

Preuves , Notes et Observations.

En l'an 2, je ne cessais de publier ce qui se passait à Nantes.

Enfin, ne recevant point de réponse aux lettres que je ne cessais d'écrire , je les chargai, ainsi que le constate les registres de la poste , sur lesquels on lit ce qui suit :

« Extrait des chargemens au bureau des postes de Nantes, » chargé par le citoyen Tronjolly. Le premier floréal an 2, un » paquet pour le conseil exécutif ; le 7 floréal , deux paquets pour » le comité de salut public ; le 11 prairial, un paquet pour la » commission des revenus publics, un pour les commissaires de » la trésorerie ; le 14 , trois paquets pour le comité de salut » public, un pour la commission des tribunaux , etc. , etc.

Pour extrait conforme aux registres de mon bureau, *Le directeur de la poste , Signé* GIRAUD , dont la signature est légalisée par le maire et le préfet.

La réponse à mes actes publics consignés sur le registre, et à une foule de lettres , fut une dénonciation faite contre moi le 12 prairial de l'an 2, suivie de mon arrestation la nuit du 24 au 25, pour être traduit au tribunal révolutionnaire à Paris, créé par décret du 10 prairial an 2 : on y guillotinait cent victimes par jour , jugées dans moins d'une demi-heure......!

Les archives du district de Nantes , et celles du tribunal révolutionnaire à Paris , contiennent cette dénonciation, qui honorera ma mémoire et ma famille.

On y lit entr'autres choses, les accusations : « D'avoir dit que » je n'aimais pas le gouvernement révolutionnaire ; d'avoir traité » de septembrisation , les mesures prises contre les vendéens et les » détenus à Nantes ; d'avoir fait afficher (le 7 nivôse an 2) » avec profusion, une ordonnance qui improuvait ces mesures ; » d'avoir traité d'hommes de sang , ceux qui les ordonnaient et » les exécutaient ; d'avoir voulu soulever le peuple contre de » pareilles mesures que dictait le salut public ; d'avoir improuvé les journées des 2 et 3 septembre, 1 et 2 juin ; d'être » un modéré , un royaliste, un aristocrate ; d'avoir poursuivi » le comité avec un acharnement sans exemple ; d'avoir recherché jusqu'à ses plus petits torts ; enfin, d'avoir été destitué » par Carrier, etc. , etc.

Extrait des registres de la maison d'arrêt et de justiste de Nantes.

» Le citoyen Bernard Laqueze est tenu de faire bonne et

» sûre garde de Phelippes de Tronjolly, de le tenir au secret;
» lequel nous avons mis sous sa garde, en vertu des arrêtés des
» représentans du peuple.

Nantes, ce 25 prairial, an 2 de la république.

Signé J. C. CLAVIER, agent national; RENARD, maire.

En marge, entr'autres choses, est écrit:

» Parti pour Paris le 3 messidor. *Signé* MICHETOT, maré-
» chal-de-logis. Ledit extrait duement signé et légalisé par le
» maire et le préfet. »

*Chargé de fers, conduit à la conciergerie de Paris, je fus
mis à coucher dans une des bières du cachot de S. Chris-
tophe. J'écrivais sans cesse à Fouquier-Thinville, pour être
jugé. Celui-ci me répondit par la fenêtre du greffe :* « Ne
» m'écris plus, tu ne seras pas oublié; j'attends les membres du
» comité de Nantes, pour déposer contre toi : je vais en atten-
» dant te faire transférer maison Egalité, rue Saint-Jacques.
Carrier demande ta tête..... !

*On lit dans la relation du voyage des cent trente-deux
nantais :* « Il s'est trouvé un homme ferme et courageux, qui,
» se dévouant pour sa patrie, n'a pas craint d'attaquer les nou-
» veaux tyrans. Trop d'affreuses vérités allaient être dévoilées;
il partage aujourd'hui nos fers....... !

*Lorsque je fus sorti du secret à Nantes, tous les détenus
m'entourèrent, en me témoignant la plus vive reconnaissance :*
« C'est à lui, disaient-ils, que nous devons la vie, en s'expo-
» sant lui-même à mourir pour nous..... » *Moment flatteur
pour une ame sensible !*

PIÈCES EXTRAITES DU PROCÈS DE CARRIER.

» EN lisant une brochure intitulée : *Du Tribunal Révolu-
» tionnaire, par Sirey,* imprimée à Paris en l'an 3, on y
» trouve les propos ci-après tenus par M. de Tronjolly, en
» entrant en prison à Paris, aux septembriseurs, à ceux qui
» *rapiotaient* même des femmes. *Sirey* donne l'explication du
» mot *rapioter. Si j'étais accusateur public à Paris,* dit-il
» alors, *je vous ferais guillotiner demain, pour avoir outragé
» les mœurs et offensé la vertu.* Il avait frémi d'horreur, en

» voyant des femmes vertueuses forcées de subir des fouilles
» si indécentes, qu'elle s'évanouirent. Robespierre vivoit alors,
» et la convention tremblait. . . . C'était longtems avant ther-
» midor !

» *EXTRAIT de l'acte d'accusation dressé par l'accusateur*
» *public du tribunal révolutionnaire à Paris, contre les*
» *membres du comité de Nantes, qui, ainsi que Carrier,*
» *avaient paru devant Tronjolly comme témoins, avant*
» *son jugement.*

« Dans les fastes les plus reculés du monde, dans toutes les
» pages de l'histoire, même des siècles barbares, on trouvera
» à peine des traits qui puissent se rapprocher des horreurs
» commises par les accusés. Néron fut moins sanguinaire,
» Phalarie moins barbare, Siphane moins cruel.
» Sous le masque du patriotisme, ils ont osé commettre
» tous les forfaits...... *Ils font le procès à l'accusateur du*
» *tribunal établi à Nantes ;* Phelippes Coatgoureden de Tron-
» jolly. *Dans une séance publique, ils le traitent de modéré,*
» *parce qu'il ne fait pas égorger des accusés sans juger ;*
» *parce qu'il refuse de faire traîner au supplice des femmes*
» *enceintes, et des enfans qui connaissaient à peine leur*
» *existence.* Tant d'atrocités devaient émouvoir l'ame du
» patriote. Pas un nantais n'osait lever la voix ; chacun d'eux
» venait courber la tête sous le joug de ces despotes sanguinai-
» res. *Un seul veut venger sa patrie. Phelippes verbalise*
» *contre le comité. (Précédemment, en qualité de président,*
» *il avait, le 7 nivôse an 2, par une ordonnance affichée en*
» *vain, prescrit la poursuite de tant d'atrocités.)* Il lui
» demande compte des sommes qu'il a touchées, et des inno-
» cens qu'il a sacrifiés. *Déjà Phelippes soulevait le voile*
» *qui cachait la vérité ;* déjà on aperçoit ses premiers rayons,
» *lorsqu'il est chargé de fers, et traîné de cachots en ca-*
» *chots, au tribunal révolutionnaire à Paris,* par ces hom-
» mes qui craignaient la lumière, et qui pâlissaient à l'aspect
» de la vertu..... Mais la justice triompha, les membres du
» comité furent bientôt démasqués, etc.

Signé LE BLOIS.

Réquisitoire de Tronjolly, lors acquitté d'accusation.

« Citoyens juges, c'est moi qui ai poursuivi le comité ; c'est
» moi qui ai *dénoncé* le représentant du peuple Carrier,
» comme complice du comité : il faut que leurs têtes ou la

» mienne tombent ; il faut que la France soit vengée. Je
» demande donc qu'il soit ordonné que je me constitue pri-
» sonnier, jusqu'à ce que la justice nationale ait prononcé ;
» qu'il soit fait part de mon emprisonnement à la convention.
   » Phelippes , *répondit le président* , est le maître de con-
» server sa liberté , ou de se constituer dans une maison
» d'arrêt, si quelque concierge veut se charger de le recevoir
» sans ordre ; mais le tribunal ne peut statuer et faire droit
» à sa demande.
   » Le réquisitoire de Tronjolly avait été suivi des plus vifs
» applaudissemens ; il faisait à Paris la plus grande sensation ,
» et le lendemain il écrivit au tribunal la lettre suivante :
   » J'ai dénoncé, *citoyens juges*, et poursuivi le comité révo-
» lutionnaire de Nantes ; j'ai dénoncé Carrier , représentant du
» peuple , comme leur complice : je déclare me constituer pri-
» sonnier en ma demeure, (*alors Tronjolly avait été acquitté,*
» *et le concierge avait refusé de le recevoir , ayant voulu*
» *se constituer volontairement prisonner ,*) jusqu'à ce que la
» justice nationale ait prononcé sur le sort de ces scélérats. Ma
» tête répond de ma dénonciation.

Signé PHELIPPES.

L'accusateur public du tribunal révolutionnaire à Paris ,
écrivit au comité de sureté générale la lettre suivante :
   « Je vous donne avis, citoyens représentans, que le débat,
» qui a lieu eu à la séance de ce jour , dans l'instruction du pro-
» cès , n'a fait que fournir de nouvelles preuves ; je vous adresse
» copie ci-jointe certifiée de la lettre qui a été adressée ce
» matin au tribunal révolutionnaire, par Phelippes de Tron-
» jolly. Vive la république.   *Signé* LE BLOIS.
La convention se vit forcée de livrer Carrier à la justice.

EXTRAIT de l'acte d'accusation contre Carrier.

   « La convention nationale , après avoir entendu la commis-
» sion des vingt-un , accuse le représentant du peuple Carrier ,
» l'un de ses membres, 1.º d'avoir, le 27 frimaire an 2, donné
» à Phelippes , président du tribunal criminel, l'ordre écrit de
» faire exécuter sans jugement, et sur-le-champ, vingt-quatre
» brigands, qui venaient d'être arrêtés et amenés à Nantes ,
» dont deux de treize et deux de quatorze ans ; d'avoir le même
» jour réitéré verbalement l'ordre précédent , *quoique Phelippes*
» *lui eût représenté qu'il contrariait les lois ;* 2.º d'avoir, le
» 29 du même mois, donné l'ordre écrit audit Phelippes , de

» faire exécuter, sans jugement, vingt-sept brigands qui avaient
» été arrêtés les armes à la main, dans le nombre desquels il
» se trouvait sept femmes, etc. » *On sait qu'à Nantes, Carrier*
réunissait en sa personne tous les pouvoirs. M. de Tronjolly
éluda le piége lui tendu par Carrier, qui voulait le faire périr,
parce qu'il s'opposait sans cesse à sa barbarie : l'accusateur public
donna l'ordre.

Par suite, M. de Tonjolly fut différentes fois confronté à
Carrier, lorsqu'enfin la convention l'eut mis en accusation, et
qu'il eut été condamné à mort : il fut exécuté place de Grève,
à Paris, avec Pinard et Grandmaison. Les autres coaccusés mis
en jugement, convaincus de crimes atroces, furent acquittés
sur l'intention. Ils furent de nouveau constitués prisonniers, et
profitèrent de l'amnistie de l'an 4.

« Les sacrifices que le citoyen Phelippes-Tronjolly a faits dans
» la révolution, sont connus. Il est également notoire qu'il a
» puissamment contribué à mettre en évidence les crimes de
» Carrier : sous ces différens rapports, il ne peut que mériter
» la bienveillance du gouvernement.
   Signé LE TOURNEUR, préfet de la Loire-Inférieure.
» Le maire de Nantes atteste que le citoyen Tronjolly s'est
» comporté en honnête homme pendant tout le tems qu'il a
» résidé en cette ville ; et en reconnaissance des services essen-
» tiels qu'il y a rendus dans l'affaire de Carrier et du comité
» révolutionnaire, se joint aux autorités constituées du dépar-
» partement d'Ille-et-Vilaine, etc. Fait en mairie, le 28 ventôse
» an 11 de la république.   *Signé* PARIS,
» Dont la signature est légalisée par le préfet.

« Il y a aussi une délibération du conseil du département,
» et un certificat de M. le maire actuel : tout est consigné sur
» les registres, ainsi que le certificat ci-après. » La délibération
est de l'an 10 de la république.

Du 5 frimaire an 11.

« Le maire de la ville de Nantes atteste et certifie à tous
» ceux qu'il appartiendra, que le citoyen François-Anne-Louis
» Phélippes-Coatgoureden de Tronjolly, a lutté avec intrépi-
» dité contre Carrier et les membres du comité révolutionnaire
» de Nantes ; qu'il y a plaidé la cause de la justice et de l'hu-
» manité ; qu'à son retour de Paris, en l'an 4, il fut nommé
» président de sa section, électeur et président du tribunal

» criminel, le tout au premier scrutin ; que, par suite du 18
» fructidor an 5, il est resté sans place. En conséquence de
» ce que dessus, le maire de Nantes se joint aux autorités consti-
» tuées de Rennes, pour réclamer, en faveur d'un père de cinq
» enfans, qui a trente ans de magistrature, la justice et les
» graces du gouvernemeut. *Signé* PARIS.

» Le conseil municipal de la commune de Nantes, ne peut
que confirmer le certificat du maire.

Nantes, ce 27 frimaire, an 11 de la république. *Signé* P. T.
TESSIER, *président* ; GOYAU, *secrétaire*, dont les signatures
sont légalisées par le préfet.

Le 15 frimaire an 2, Tronjolly, en exposant sa vie, alla
coucher en prison, pour empêcher la résolution prise de faire
périr les prisonniers en masse. Les procès-verbaux qu'il rapporta
contre Carrier, les 27 et 29 du même mois, se sont, on le
répète, trouvés parmi les papiers de Robespierre. Tous ces
faits, et autres plus graves, sont constatés par le procès de Carrier, etc. Jamais Tronjolly n'a dormi, quand le crime a veillé.....
Aussi des hommes criminels ne cessent-ils de le calomnier.....

Je soussigné greffier du tribunal criminel du département
de la Loire-Inférieure, atteste à qui il appartiendra, que
l'ordonnance rendue par le citoyen Phelippes, alors président
du Tribunal, relative à l'extraction des détenus aux maisons
de justice, et datée du 7 nivôse an 2, et qu'il en ordonna
l'affiche le 11 du même mois.

Signé MABIT, dont la signature est légalisée.

M. de Tronjolly défendit que la guillotine fut permanente,
et constata les bateaux à coulisse et à sous-pape, reprochés à
Robespierre, le 9 thermidor an 2.

Telle est sa réponse à ceux qui, *depuis tant d'années abu-
sent de leur crédit et de leurs places*, pour le calomnier,
tant verbalement que par écrit......!!! Ils le privent ainsi
d'indemnité et d'état......!!! Le gouvernement est trompé.....

Il demande communication de tout ce qui a été écrit contre
lui au gouvernement ; peut-on être sourd à sa voix ?

Signé PHELIPPES DE COATGOUREDEN DE TRONJOLLY.

* 9 7 8 2 3 2 9 6 1 4 0 7 6 *